Inhalt

Wahlthema Kernenergie - Energiegarant in Zeiten knapper Ressourcen, aber Hiroshima und Nagasaki jährten sich

Kernthesen

Beitrag

Fallbeispiele

Zahlen und Fakten

Weiterführende Literatur

Impressum

GENIOS BranchenWissen Nr. 08/2005 vom 25.08.2005

Wahlthema Kernenergie - Energiegarant in Zeiten knapper Ressourcen, aber Hiroshima und Nagasaki jährten sich

Autor GENIOS BranchenWissen: A.Schneider

Kernthesen

- Weltweit sind 441 Atomreaktoren in 30 Ländern im Einsatz, die 16 Prozent des globalen Strombedarfs liefern; bis zum Jahr 2020 werden 60 neue Kernkraftwerke entstehen.
- In Deutschland liefern derzeit noch 17 Kernkraftwerke rund 30 Prozent unseres

Stroms.
- Der Wahlausgang in Deutschland entscheidet, ob Ausstieg aus der Atomenergie wie geplant oder doch Verlängerung der Laufzeiten.
- Gleichzeitig steigt die militärische Bedrohung; die aktuellen politischen Krisenherde in Sachen Atomenergie sind Nordkorea und Iran.

Beitrag

Deutschland steht mit seinem Ausstieg aus der Kernenergie ziemlich alleine da. Der Rest der Welt rüstet auf: bis zum Jahr 2020 werden 60 neue Kernkraftwerke Strom liefern. Gleichzeitig steigt die Anzahl der Atommächte auf der Welt und mit ihr die nukleare Bedrohung.

Hiroshima und Nagasaki jähren sich zum 60sten Mal

1938 führten Otto Hahn und Fritz Strassmann zum ersten Mal die Kernspaltung durch. Der erste Atompilz stieg am 16. Juli 1945 über der Wüste von New Mexico in den Himmel. Das Atomenergiezeitalter hatte begonnen. Die erste

Atombombe traf Japan. Im September 1944 beschlossen der US-Präsident Roosevelt und der britische Premier Churchill den Einsatz der Atombombe gegen Japan statt Deutschland. Am 6. und 8. August vor 60 Jahren fielen die Bomben auf Hiroshima und Nagasaki. Über 200 000 Tote. Die meisten sofort tot. Viele etwas später. Manche leiden bis heute unter den Folgen. Nur sehr wenige kamen mit dem Grauen davon. (1)
Die destruktive Kraft der Kernenergie war der Welt leider sehr eindrucksvoll demonstriert worden. Seither ruft die Kernenergie tendenziell eine negative Assoziation hervor. Davon ganz befreien kann sich auch deren zivile Nutzung nicht, die den Menschen nicht schaden, sondern ihnen Wohlstand bringen und sichern will.

Zivile Nutzung der Kernenergie deckt derzeit 16 Prozent des globalen Strombedarfs

Die Kernenergie wird in vielen Ländern friedlich genutzt zur Stromerzeugung in Kernkraftwerken. Dabei wird elektrische Energie durch Kernspaltung gewonnen. Der zivile Abschnitt des Atomzeitalters begann im Juni 1954, als der Reaktor von Obninsk bei Moskau erstmals Atomstrom lieferte. (2) Derzeit sind

weltweit 441 Atomreaktoren in 30 Ländern im Einsatz. Sie liefern 16 Prozent der gesamten globalen Stromproduktion. Bis zum Jahr 2020 werden weltweit rund 60 neue Kernkraftwerke Strom liefern.
Die fossilen Brennstoffe wie Öl oder Kohle erschöpfen sich irgendwann und/oder werden immer teurer. Um Wirtschaftswachstum und Wohlstand langfristig zu sichern, halten viele Staaten die Kernenergie für einen auch in Zukunft unverzichtbaren Energielieferanten. So haben sich China, Indien, Frankreich, USA, Großbritannien und sogar Italien erst kürzlich auf dem Weltwirtschaftsgipfel in Gleneagles für einen Ausbau ihrer Atomkraftwerkskapazitäten ausgesprochen. China will in den nächsten 15 Jahren 27 neue Kernkraftwerke in Betrieb nehmen. Indien plant, den Anteil der Kernenergie an der Stromerzeugung des Landes von derzeit 3 Prozent auf 30 Prozent bis 2050 auszubauen. Auch die USA setzen weiterhin auf Atomstrom und werden wieder neue Reaktoren bauen. (3), (4), (5)

Australien und Kanada sind die größte Uranlieferanten

Als Brennstoff wird meist Uran eingesetzt. Uran benannt nach dem Planeten Uranus - ist ein chemisches Element, das 1789 von dem deutschen Chemie-Professor und Apotheker Martin Heinrich Klaproth aus dem Mineral Pechblende isoliert wurde. Die Radioaktivität von Uran wurde 1896 von Antoine Henri Becquerel entdeckt und u.a. weiter erforscht von seiner Schülerin Marie Curie. Im 19. Jahrhundert wurde Uran zum Färben von Glas und Keramik verwendet. Heute sind die Kernkraftwerke die größten Uranverbraucher. Die größten Uranvorkommen liegen in Australien und Kanada. Sie sind die größten Uranproduzenten der Welt. Weitere Reserven liegen in Russland, Kasachstan, Namibia und Niger. (4)

Deutschland: Ausstieg aus der Atomenergie oder doch Verlängerung der Laufzeiten?

Deutschland hat mit Beginn der rot grünen Regierung im Jahr 2000 den Ausstieg aus der Atomenergie eingeleitet. Derzeit liefern die 17 deutschen Kernkraftwerke noch rund 30 Prozent unseres Stroms. Damit ist die Kernenergie wichtigster Stromproduzent, gefolgt von Stein- und Braunkohle mit einem Anteil von rund 50 Prozent. Die erneuerbaren Energien aus Wind, Wasser, Sonne sind

zwar en vogue, decken aber erst 11 Prozent unseres Energiebedarfs. (6)
Im derzeitigen Wahlkampf zur voraussichtlich am 18. September stattfindenden vorgezogenen Bundestagswahl spielt auch die Energiepolitik eine Rolle. Sowohl SPD als auch CDU/CSU proklamieren eine zukunftsorientierte, moderne, nachhaltige Energiepolitik in ihren Parteiprogrammen und Wahlkampfmanifesten. Beide setzen auf den weiteren Ausbau der erneuerbaren Energien. Wieder einmal scheiden sich die Geister am Thema Atomkraft ja oder nein, danke. (7)
Die SPD hält konsequent und ohne Aufschub am beschlossenen Atomausstieg vom 14. Juli 2000 fest. Damals einigten sich Energiewirtschaft und Regierung auf Restlaufzeiten und verteilten sie auf die aktiven Kernkraftwerke. Die CDU/CSU hingegen will die Laufzeiten für Atomkraftwerke verlängern, unter der Bedingung, dass sich die Energiekonzerne zu einer Senkung der Strompreise verpflichten denn schließlich würde der Strom auf nahezu abgeschriebenen, kapitalkostenfreien Anlagen günstig produziert. Währenddessen könnten sich die erneuerbaren Energien entwickeln und marktgerecht etablieren. Die CDU/CSU allerdings will hier die bisher geltenden Fördersätze z.B. für Windenergie herabsetzen. (8), (9)
Prompt bestreiten z.B. Windenergieexperten, dass die durch eine Laufzeitverlängerung der Atomkraftwerke

erwirtschafteten Mehreinnahmen zu Gunsten des weiteren Ausbaus der erneuerbaren Energien verwendet würden. Zu unterschiedlich seien die Betriebsweisen der Atomkraftwerke und der Windenergieenutzung. Längere Laufzeiten der Atomkraftwerke würden sich auf den Ausbau der Windenergie negativ auswirken. (10)
Und die deutsche Atomwirtschaft begrüßt naturgemäß die Pläne der CDU/CSU zur Laufzeitverlängerung, hält jedoch nichts von einer Selbstverpflichtung zur Reduktion der Strompreise. Dieser solle sich doch bitteschön weiterhin am Strommarkt bilden. (11)
Doch wie wird der mündige Bürger am 18. September entscheiden? In brisanten Wahlkampfzeiten sind Meinungsumfragen und Statistiken höchst willkommen. Ob in den Augen des wankelmütigen Wahlvolks gerade Herr Schröder punktet, Frau Merkel erblüht, ob Atomenergie in oder out ist, sagen uns die Demoskopen von Allensbach, Emnid, forsa, Forschungsgruppe Wahlen etc. Der jüngsten Emnid-Umfrage zufolge wollen 70 Prozent der Deutschen am Atomausstieg festhalten, 10 Prozent befürworten eine Verzögerung. In der Position spielen übrigens nicht nur politische Neigungen eine Rolle, sondern offenbar auch Geschlecht, Alter und Einkommen. Frauen, Jüngere und Geringverdienende lehnen Atomkraftwerke ab, Männer, Ältere und Besserverdienende sind diesbezüglich großzügiger.

(12), (13), (14)

Klimaschutz gewährleistet, aber Müllproblem nach wie vor ungelöst

Ein positiver Aspekt der Kernenergie ist, dass sie uns reichlich Strom liefert, nahezu ohne die Umwelt mit CO_2-Emissionen zu belasten. Damit leistet sie einen Beitrag zum Schutz unseres Klimas. Ein unbestritten negativer Aspekt der Stromerzeugung via Atomenergie ist die nach wie vor ungelöste Frage der Endlagerung des bis zu 100 000 Jahre strahlenden Atommülls. Die abgenutzten, radioaktiven Brennelemente werden in (West-)Europa in speziellen Transport- und Lagerbehältern transportiert, die Castor-Behälter. Alljährlich rollen die Castor-Transporte, stets begleitet von Demonstranten und Medien, in die Zwischenlager, z.B. nach Gorleben in die Castorhalle oder nach Ahaus. Dort wird der Atommüll zunächst gelagert, bis seine Radioaktivität soweit abgeklungen ist, dass er in ein Endlager transportiert werden kann. Die Diskussion, ob Gorlebens unterirdischer Salzstock ab 2030 das (einzige?) deutsche Endlager sein wird, ist nach wie vor im Gange.

Militärische Nutzung der Kernenergie, Bedrohung wächst

Aus Hiroshima hat die Welt leider nicht wirklich gelernt. Sie rüstete auf zum Gleichgewicht des Schreckens: 1949 erster Atomtest des Russen, 1960 erster Atomtest der Franzosen, 1964 erster Atomtest der Chinesen. 1970 dann ein Kurswechsel. Im Atomwaffensperrvertrag genauer: Vertrag über die Nicht-Verbreitung von Kernwaffen - verpflichten sich USA, Russland, Großbritannien, Frankreich und China, ihre Atomwaffen abzubauen und kein atomwaffenfähiges Material weiterzugeben. 188 andere Länder verzichten auf Atomwaffen und erhalten zum Ausgleich Unterstützung bei der zivilen Nutzung der Kernenergie zugesagt. Doch die Verlockung der Bombe ist groß. 1974 startet Indien seinen ersten Atomtest, auch Pakistan und Israel rüsten auf. 2003 kündigt Nordkorea den Atomwaffensperrvertrag, reiht sich ein in die Atommächte, die jüngsten Verhandlungen um einen Abbau der Atomwaffen wurden ergebnislos vertagt. Die Iraner werden verdächtigt, an einem Atomwaffenprogramm zu arbeiten und halten bisher an der Wiederaufnahme ihres Nuklearprogramms in Isfahan fest. Die USA entwickeln weiterhin ihre Mini-Nukes. (1)

Fakt ist, dass der Atomwaffensperrvertrag kein wirksames Instrument mehr darstellt. Fakt ist auch, dass sich die Mitgliedsländer auf ihrer Konferenz in New York im Mai sehr uneins waren und keine Ergebnisse erzielen konnten, um die Bedrohung durch Atomwaffen zu verringern. Die Anzahl der Atommächte auf der Welt wächst und mit ihr die Bedrohung. 22.000 Atomsprengköpfe stehen bereit, um die Menschheit zu vernichten mehrfach. (15), (16), (17), (18)

Fallbeispiele

Am 6. und 8. August erinnerten sich Hiroshima und Nagasaki und mit ihnen die Welt an den Abwurf der ersten Atombomben vor 60 Jahren. Der "Vater der Atombombe, der Atomphysiker J. Robert Oppenheimer, sagte "Ich wurde der Tod, der Zerstörer der Welten." Wissenschaftlicher Ehrgeiz, militärische Skrupellosigkeit, Machtgier die Motive waren zahlreich, Entschuldigung gibt es keine, späte Reue nutzt niemandem. In Hiroshima wurden ohne jegliche Vorwarnung auf einen Schlag 100 000 Menschen getötet oder tödlich verwundet, weitere 100 000 verletzt. Heute ist in Hiroshima selbst von der damaligen Zerstörung nahezu nichts mehr zu sehen. Das heutige Hiroshima ist eine moderne Stadt, die die Botschaft Frieden in sich und in die Welt hinaus trägt. (19), (20), (21)

Ob diese Botschaft jemals wirklich Ernst genommen wird? Wohl eher nicht. Die aktuellen Krisenherde in Sachen Atomenergie sind Nordkorea und Iran.

- Nordkorea

: Die Verhandlungen über den Abbau von Nordkoreas Atomprogramm wurden unterbrochen. Nach einer dreiwöchigen Pause sollen sie am 29. August fortgesetzt werden. Bisher konnten die sechs beteiligten Länder keine Einigung erzielen. (22), (23)

- Iran

: Der Iran hat die Uranverarbeitung in der Anlage Isfahan wieder aufgenommen. Der Gouverneursrat der Internationalen Atomenergie-Agentur (IAEA) hat Iran am 11. August in einer einstimmig verabschiedeten Resolution aufgefordert, sämtliche Schritte des nuklearen Brennstoffkreislaufs zu stoppen. Iran lehnt dies bisher entschieden ab und

beharrt auf seinem Recht zur zivilen Nutzung der Kernenergie. Der nächste Schritt bestünde darin, den Fall an den UN-Sicherheitsrat zu verweisen, der dann Sanktionen gegen den Iran verhängen könnte. (24), (25), (26)
Die deutsche Wirtschaft, vor allem die Maschinen- und Anlagenbauer, die viel in den Iran exportieren, beobachten die Entwicklungen genau. (27)

Ein Fortschritt hingegen konnte jüngst in den Beziehungen zwischen USA und Indien erreicht werden.

- Indien

: Im Juli haben die USA und Indien nach fünfmonatigen Gesprächen einen Vertrag zur Zusammenarbeit bei der zivilen Nutzung der Kernenergie unterzeichnet. Die USA wollen nukleare Technologie nach Indien liefern, die Inder würden dafür eine internationale Inspektion ihrer zivilen Atomwirtschaft zulassen, künftig keine Atomwaffen mehr testen und keine nukleare Technologie an Drittländer liefern. (28)

Zahlen & Fakten

Die IAEO (Internationale Atomenergie-Organisation) ist eine wissenschaftlich-technische Organisation der Vereinten Nationen. Sie dient der internationalen Zusammenarbeit auf dem Gebiet der Kernenergie und soll verhindern, dass Kernenergie militärisch genutzt werden kann. Sie fördert die sichere Anwendung von Kernenergie und arbeitet an Maßnahmen, die eine Abzweigung spaltbaren Materials zum Bau von Nuklearwaffen erschweren. Gegründet wurde die Organisation mit Sitz im österreichischen Wien am 29. Juli 1957. Ihr aktueller Generaldirektor ist Mohammed el-Baradei aus Ägypten. Die IAEO setzt sich aus der Generalkonferenz, dem Gouverneursrat und dem Sekretariat zusammen. Die Organisation verfügt über etwa 2200 Mitarbeiter aus mehr als 90 verschiedenen Ländern und ein Budget von 269 Millionen Dollar. Seit März 1970 ist die IAEO zuständig für die Überwachung des Atomwaffensperrvertrages. Neben der Entsendung von Inspektoren bedient sich die IAEO mittlerweile auch der Satellitenüberwachung und ähnlicher Mittel, um die Einhaltung des Sperrvertrags zu kontrollieren. www.iaea.org (29)

Urangewinnung 2003, weltweit

Land	Urangewinnung in Tonnen
Kanada	9.700
Australien	7.070
Kasachstan	3.315
Russland	3.070
Niger	3.000
Namibia	2.500
Usbekistan	2.300
Südafrika	855
Ukraine	800
USA	730
China	730
Tschechische Republik	453
andere Länder	859
Summe Welt	**35.382**

Quelle: atw 12/2004

Entnommen aus: www.kernenergie.de
Informationskreis über Kernenergie

http://www.kernenergie.net/informationskreis/de/lexik
navid=64&detail=informationskreis/de/lexikon/u/1012.

Liste der Nuklearanlagen in Deutschland

Standort	Bundesland	In-betrieb-nahme	Stilllegung (geplant)
Berlin	Berlin	1958	?
Berlin (BESSY)	Berlin	1971	
Biblis A	Hessen	1975	(2007)
Biblis B	Hessen	1977	(2009)
Brokdorf	Schleswig-Holstein	1986	(2018)
Brunsbüttel	Schleswig-Holstein	1977	(2009)
Emsland	Niedersachsen	1988	(2020)
Garching (FRM - Forschungsreaktor München)	Bayern	1957	2001
Garching II (FRM-II-Forschungsreaktor München)	Bayern	2004	
Grafenrheinfeld	Bayern	1982	(2014)
Greifswald / Lubmin 1	Mecklenburg-Vorpommern	1973	1990
Greifswald / Lubmin 2	Mecklenburg-Vorpommern	1974	1990
Greifswald / Lubmin 3	Mecklenburg-Vorpommern	1977	1990
Greifswald / Lubmin 4	Mecklenburg-Vorpommern	1979	1990
Greifswald / Lubmin 5	Mecklenburg-Vorpommern	1989	1990
Grohnde	Niedersachsen	1985	
Großwelzheim	Bayern	1969	1971
Gundremmingen A	Bayern	1966	1977
Gundremmingen B	Bayern	1984	(2016)
Gundremmingen C	Bayern	1985	(2017)
Hamm-Uentop	Nordrhein-Westfalen	1985	1989
Isar 1	Bayern	1979	(2011)
Isar 2	Bayern	1988	(2020)
Jülich (AVR-Atomversuchsreaktor)	Nordrhein-Westfalen	1967	1988
Jülich (FRJ-1-Forschungsreaktor ("Merlin"))	Nordrhein-Westfalen	1962	1985
Jülich (FRJ-2-Forschungsreaktor (DIDO"))	Nordrhein-Westfalen	1962	(2006)
Kahl am Main	Bayern	1961	1985
Kalkar	Nordrhein-Westfalen	nie	
Karlsruhe (Mehrzweck-Forschungsreaktor)	Baden-Württemberg	1965	1984
Karlsruhe (Kernreaktor)	Baden-Württemberg	1972	1991
Krümmel	Schleswig-Holstein	1984	(2016)
Lingen	Niedersachsen	1968	1979
Mülheim-Kärlich	Rheinland-Pfalz	1987	1988
Neckarwestheim 1	Baden-Württemberg	1976	(2008)
Neckarwestheim 2	Baden-Württemberg	1989	(2021)
Niederaichbach	Bayern	1972	1974
Obrigheim	Baden-Württemberg	1969	2005
Oberschleißheim	Bayern	1972	1982
Philippsburg 1	Baden-Württemberg	1980	(2011)
Philippsburg 2	Baden-Württemberg	1985	(2017)
Rheinsberg	Brandenburg	1966	1990
Rossendorf Forschungsreaktor	Sachsen	1957	1991
Stade	Niedersachsen	1972	2003
Stendal 1-4	Sachsen-Anhalt	Baub. 1972	-
Unterweser	Niedersachsen	1979	(2011)
Würgassen	Nordrhein-Westfalen	1971	1995

Quelle: Wikipedia, 10.08.2005

Entnommen aus: www.wikipedia.de

http://de.wikipedia.org/wiki/Liste_der_Kernkraftwerke

Weiterführende Literatur

(1) Chronik des Atomzeitalters
aus taz, 06.08.2005, S. 4-5

(2) Spiel mit dem nuklearen Feuer
aus Süddeutsche Zeitung, 15.07.2005, Ausgabe Deutschland, S. 11

(3) "Kernenergie vor Renaissance"
aus Süddeutsche Zeitung, 12.07.2005, Ausgabe Deutschland, S. 20

(4) Uran-Nachfrage steigt weltweit
aus www.powernews.org Meldung vom 18.03.2005 - 11:17

(5) Spotlight Energiegesetz vor dem Durchbruch
aus Finanz und Wirtschaft, Seite 7

(6) Wind, Sonne und Co. liefern elf Prozent des Stroms - Elektrizitätswirtschaft: Erneuerbare Energien auf Vormarsch
aus Giessener Anzeiger vom 09.08.2005

(7) SPD warnt vor längeren Laufzeiten für Reaktoren
aus Süddeutsche Zeitung, 12.08.2005, Ausgabe
Deutschland, S. 6

(8) www.spd.de, Wahlkampfportal, Themen, Energie
aus Süddeutsche Zeitung, 12.08.2005, Ausgabe
Deutschland, S. 6

(9) Paziorek, Peter, Kernenergie als Brücke zu einer
nachhaltigen Energieversorgung, www.cdu.de, Artikel
erschienen in der Frankfurter Rundschau vom
06.08.2005, http://www.cdu.de/db/pabz.php?
tid=107&sta=6&load=9260
aus Süddeutsche Zeitung, 12.08.2005, Ausgabe
Deutschland, S. 6

(10) Gegen den Wind Atommeiler und Kraftwerke mit
erneuerbarer Energie passen nicht zueinander
aus Frankfurter Rundschau v. 06.08.2005, S.8,
Ausgabe: S Stadt

(11) Atomindustrie gegen Pläne der Union
aus Kölner Stadtanzeiger, 10.08.2005

(12) Kernkraft ja und nein
aus DIE WELT, 10.08.2005, Nr. 185, S. 8

(13) Emnid-Umfrage: Deutsche für Atomausstieg
aus DIE WELT, 02.08.2005, Nr. 178, S. 2

(14) Atomkraft? - Nein Danke!
aus taz Hamburg, 26.07.2005, S. 18

(15) Das nukleare Tabu wackelt Der
Atomwaffensperrvertrag scheint sich aufzulösen. Fällt
mit ihm auch die nukleare Abschreckung?
aus DIE WELT, 09.08.2005, Nr. 184, S. 6

(16) DEBATTE Der nukleare Albtraum
aus Frankfurter Neue Presse, Gemeinsame Ausgabe
vom 25.07.2005, S. 4

(17) Wettrennen um die Bombe
aus Süddeutsche Zeitung, 20.07.2005, Ausgabe
Deutschland, S. 2

(18) Leben mit 22 000 Atomwaffen Die Gefahr eines
Nuklearkriegs ist keineswegs gebannt – mindestens
acht Staaten besitzen die Bomben dafür
aus Frankfurter Rundschau v. 06.08.2005, S.2,
Ausgabe: S Stadt

(19) Dambeck, Holger, Die späte Reue der Atom-
Pioniere, Spiegel Online, 06.08.2005
aus Frankfurter Rundschau v. 06.08.2005, S.2,
Ausgabe: S Stadt

(20) Tittel, Cornelius, 6. August 1945, 8.15 Uhr, Welt
am Sonntag, 24.07.2005, Nr. 30, S. 56, 57
aus Frankfurter Rundschau v. 06.08.2005, S.2,
Ausgabe: S Stadt

(21) Die Stadt des Friedens
aus Frankfurter Allgemeine Zeitung, 05.08.2005, Nr.
180, S. 3

(22) Verhandlungspause rettet vorerst Atomgespräche mit Nordkorea Teilnehmer einigen sich auf drei Wochen Bedenkzeit
aus Financial Times Deutschland vom 08.08.2005, Seite 13

(23) Südkorea gesteht dem Norden Recht auf zivile Kernenergie zu Distanzierung von amerikanischer Position
aus Financial Times Deutschland vom 12.08.2005, Seite 15

(24) AnalyseTeherans Führung: Verstoß, was für ein Verstoß? - Iran ist sich im Atomstreit keiner Schuld bewusst: Nach internationalen Verträgen Recht auf ziviles Nuklearprogramm
aus Giessener Anzeiger vom 10.08.2005

(25) Iran soll Verarbeitung von Uran stoppen
aus Süddeutsche Zeitung, 12.08.2005, Ausgabe Deutschland, S. 7

(26) O.V., Fischer warnt Iran vor Selbstisolierung, Spiegel Online, 05.08.2005
aus Süddeutsche Zeitung, 12.08.2005, Ausgabe Deutschland, S. 7

(27) Iran-Sanktionen bedrohen lebhafte Geschäfte
aus Frankfurter Allgemeine Zeitung, 11.08.2005, Nr. 185, S. 10

(28) Wende in der US-Politik gegenüber Indien

Zusammenarbeit bei der zivilen Nutzung von Atomenergie
aus Neue Zürcher Zeitung, 20.07.2005, Nr. 167, S. 1

(29) Wächter über die Kernenergie
aus Kölner Stadtanzeiger, 05.08.2005

Impressum

Wahlthema Kernenergie - Energiegarant in Zeiten knapper Ressourcen, aber Hiroshima und Nagasaki jährten sich

Bibliografische Information der deutschen Nationalbibliothek

Die Deutsche Nationalbibliothek verzeichnet diese Publikation in der deutschen Nationalbibliografie; detaillierte bibliografische Daten sind im Internet über http://dnb.d-nb.de abrufbar.

ISBN: 978-3-7379-2319-4

© 2015 GBI-Genios Deutsche Wirtschaftsdatenbank GmbH, Freischützstraße 96, 81927 München, www.genios.de

Alle Rechte vorbehalten. Dieses Werk ist einschließlich aller seiner Teile – z.B. Texte, Tabellen und Grafiken - urheberrechtlich geschützt. Jede Verwertung außerhalb der Grenzen des Urheberrechtsgesetzes bedarf der vorherigen Zustimmung des Verlags. Dies gilt insbesondere auch für auszugsweise Nachdrucke, fotomechanische Vervielfältigungen (Fotokopie/Mikroskopie), Übersetzungen, Auswertungen durch Datenbanken oder ähnliche Einrichtungen und die Einspeicherung und Verarbeitung in elektronischen Systemen.